青史流光：跨越时空的那些人

项羽传

编著：宫浩奇

插画：小马车图书

中国戏剧出版社
CHINA THEATRE PRESS

图书在版编目（CIP）数据

项羽传 / 宫浩奇编著；小马车图书绘． — 北京：中国戏剧出版社，2023.1
（青史流光：跨越时空的那些人）
ISBN 978-7-104-05284-5

Ⅰ．①项… Ⅱ．①宫… ②小… Ⅲ．①项羽（前232-前202）—传记 Ⅳ．① K827=341

中国版本图书馆 CIP 数据核字（2022）第 177643 号

项羽传

责任编辑： 肖　楠
项目统筹： 康祎宁
责任印制： 冯志强

出版发行：	中国戏剧出版社	印　刷：	保定市铭泰达印刷有限公司
出 版 人：	樊国宾	开　本：	710mm×1000mm　1/16
社　　址：	北京市西城区天宁寺前街2号国家音乐产业基地L座	印　张：	78
邮　　编：	100055	字　数：	280 千
网　　址：	www.theatrebook.cn	版　次：	2023 年 1 月　北京第 1 版第 1 次印刷
电　　话：	010-63381560（发行部）　010-63385980（总编室）	书　号：	ISBN 978-7-104-05284-5
传　　真：	010-63381560	定　价：	298.00 元（全 10 册）

读者服务：010-63381560
邮购地址：北京市西城区天宁寺前街2号国家音乐产业基地L座

版权专有，违者必究；如有质量问题，请与出版社联系调换。

江城子·项羽

乌骓玄甲骋河漳。力拔冈,气吞狼,破釜沉舟,九战美名扬。楚兴秦亡国玺换,霸九域、凌诸王。

意得气盛入咸阳。戮降王,毁阿房,衣锦夜行,志短欲还乡。将寡兵穷垓下困,伤楚曲,泪乌江。

姓　　名	**项羽**
所处时代	秦朝至楚汉相争时期
主要事迹	巨鹿之战；楚汉相争；鸿沟议和；垓下之战；乌江自刎
关联名人	项梁、楚怀王、范增、宋义、章邯、刘邦、张良、樊哙、韩信、虞姬
文化标识	破釜沉舟；以一当十；作壁上观；鸿门宴；项庄舞剑，意在沛公；西楚霸王；锦衣夜行；沐猴而冠；养虎为患；四面楚歌；垓下歌；霸王别姬

历史背景

公元前221年，战国七雄中的秦国君主嬴政统一六国，结束了绵延500多年的春秋战国（春秋：公元前770年-公元前476年，战国：公元前475年-公元前221年）大分裂局面，建立起中国历史上第一个统一的封建王朝——秦朝，嬴政也因此成为中国历史上第一个皇帝——秦始皇。但好景不长，雄心勃勃的秦始皇虽然做了很多有利于国家统一、经济统一、文化统一的伟绩，却因为不断使用严刑峻法以及无穷无尽的赋税徭役苛待百姓，导致民怨沸腾。在其去世后不久，平民出身的陈胜吴广发动大泽乡起义，拉开了反秦起义的大幕。很快，中华大地上处处烽烟，各路义军相继而起。陈胜吴广率领的义军很快被秦军镇压，二人败亡。但反秦运动并未停止，而且除了像陈胜吴广这样的平民起义之外，很多战国时期被秦朝打败的六国旧贵族也加入到反秦起义中，纷纷借机复国。最终立国仅仅14年的秦朝在各路义军的连番打击下灭亡，但和平并未立刻到来，在残酷的战争中，逐步有两支义军具备了统一天下的资格，那就是刘邦和项羽率领的军队。于是历史又进入了持续四年之久的楚汉相争时期，最终西楚霸王项羽不敌汉王刘邦，兵败垓下，自刎而亡。刘邦终于统一天下，建立了大汉王朝。

故事线索

诛暴秦·霸王泪
Zhubaoqin Bawanglei

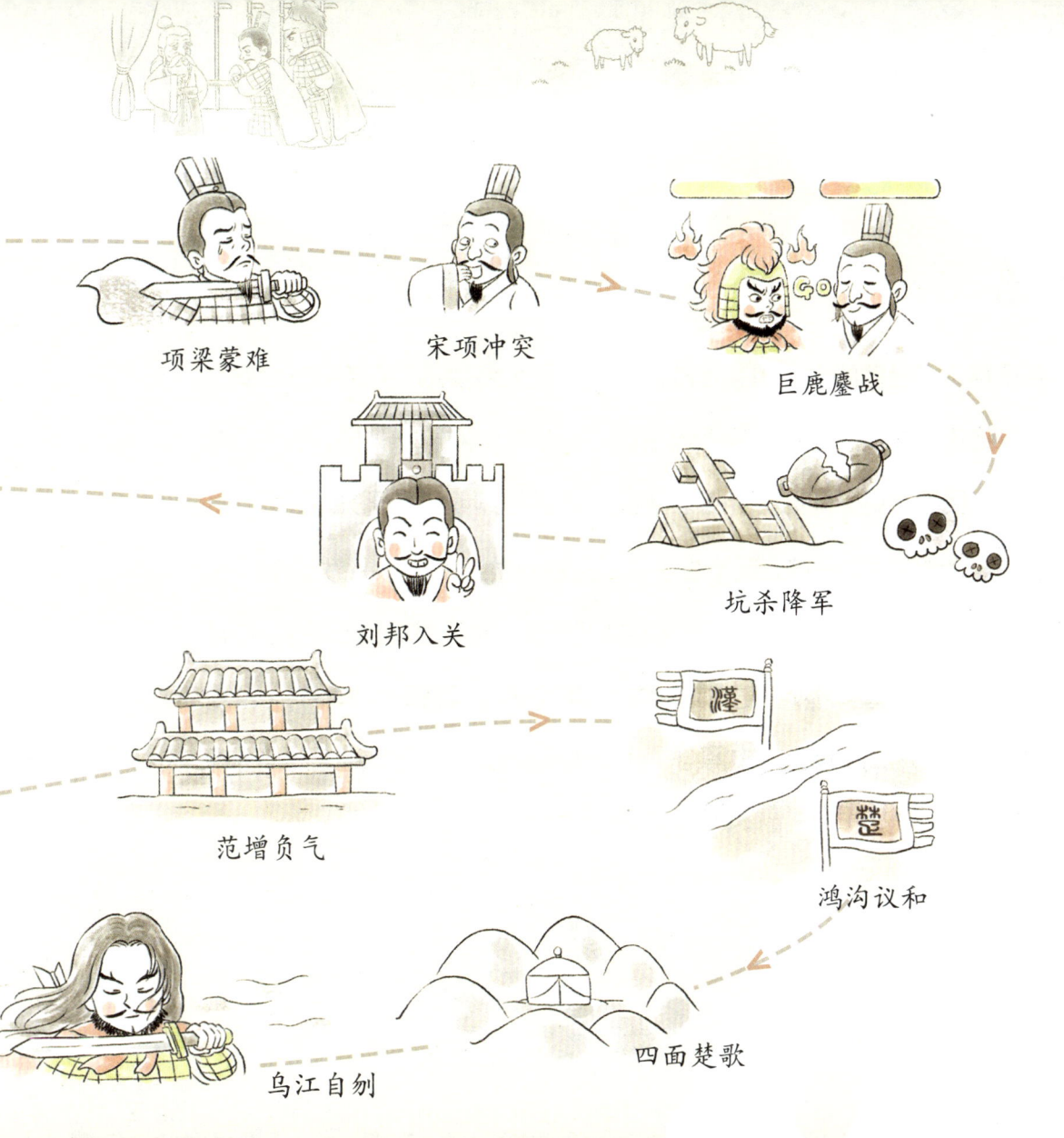

项羽学艺

项羽，本名项籍，羽是他的字。祖父是战国时期楚国大将项燕，在秦统一六国的战争中，被秦国名将王翦击败后身亡。项羽出生之时，秦朝刚刚统一列国，彼时看起来天下安宁，但实际民怨沸腾、随时可能爆发起义。项羽与其叔父项梁关系密切。少时，项梁教他读书，他稍微学了一点，就不想学了，又教他学剑术，也是浅尝辄(zhé)止。项梁非常生气，觉得他没有恒心，所以严厉地批评了他。而项羽却傲然说道："读好书不过能记记姓名，学好剑不过能对付一两个人，都没啥大用，我要学，就学能够与千军万马对敌的本事。"项梁暗暗点头，于是教他兵法。项羽开始很兴奋，可稍微懂了点皮毛后，就又放弃了。

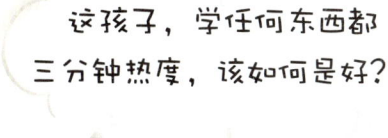

青史流光：跨越时空的那些人

哈哈，天下谁能比我力气大？

项羽

性格标签：豪爽、有才气、让人敬畏

钦羡秦皇

秦始皇为震慑天下,修筑了通往各地的驰道,而且经常亲自出宫巡察。一次出巡路过项梁叔侄所居的吴地时,项梁、项羽一起去观看,眼见秦始皇仪仗煊赫(xuān hè)的威势,年轻的项羽脱口而出:"彼可取而代之!"项梁大惊,赶紧一把捂住项羽的嘴,悄声说道:"闭嘴,不要胡言乱语,被人听到告发的话,会被满门抄斩的。"而项羽对此却不以为然。项梁对他侄子的雄心壮志很是欣慰,觉得他将来会有一番作为。等到项羽再大些的时候,身高已经八尺有余(秦尺,1尺约合今23.1cm,八尺即一米八几),力气非常大,能够轻松地举起很大的铜鼎。他平常仗义疏财,为人豪爽,颇有才气,很受当地年轻人的敬畏。

殷通欲反

公元前 209 年，陈胜吴广斩木为兵，揭竿为旗，率先拉开了反秦的大幕。消息传到吴中，和项梁常有往来的会稽(kuài jī)郡郡守殷通把项梁召到府中，一脸兴奋地说道："现在长江以西地带已经烽烟处处，看来天要亡大秦。常言道：'先下手治人，后下手被人治'，我打算现在起兵反秦，任命老弟你和桓楚为我的将军。"殷通的拳拳心意传到项梁耳中，却成了刺激项梁野心的催化剂。既然要造反，为什么还要屈居于你的手下？我自己当头不好吗？项梁计上心来，假意道："哎呀，现在桓楚正在外逃亡，只有我侄子项羽知道。我叫他来问一下吧。"殷通没有什么提防，欣然同意，让项梁赶紧把项羽找来，共谋大事。

诛暴秦·霸王泪
Zhubaoqin Bawanglei

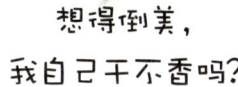

祸起肘腋

项梁急匆匆找到项羽，把事情的前因后果一说，项羽一拍大腿，顿时心领神会。二人商谈半晌，然后一起来见殷通。到了门外，项梁让项羽先在外面等候，自己进去见殷通，佯装谦卑地说："我的侄子已经来了，要不叫进来，您亲自问他？"殷通不知有诈，大喜，急忙唤项羽进屋。项羽魁梧雄壮的身躯一出现，殷通不由得暗自喝彩，心中得意："手下有这样的猛将为自己效力，难道造反还不能成功吗？也许将来我也可以成为下一个秦始皇呢！"完全沉浸在美梦中的殷通压根没有想到这叔侄二人心怀杀机。项羽根本没有耐心和殷通敷衍，见项梁一使眼色，立刻跨步上前，一剑斩下了殷通的人头。

威胁众人

可怜的殷通还未造反,就被造反的人一剑斩杀。项梁拎着他的人头,身上挂上会稽郡郡守的官印,悠然地走出屋子。项羽浑身是血,仿佛杀神一般紧随其后。郡守府邸的人一看郡守的人头,吓得面如土色,一片混乱。有忠心的属下想要上前逮捕谋杀郡守的两人,却被项羽大吼一声,如砍瓜切菜般砍倒一片,郡守府内顿时血流成河。

剩下的人吓得一个个匍匐在地,身体抖得跟筛糠一样,连头都不敢抬。这时,**项梁才露出笑容,大声说道:**"大家不用担心,我们不会伤害诸位。天下被秦人迫害太久了,所以我们叔侄决定劝说郡守反秦,可是殷通这老家伙冥顽不灵,坚决不从,所以我们不得不杀了他。"

举兵自立

大家无法分辨项梁所言的真伪，其实即使知道是假，面对凶神恶煞的项羽，大家也不敢说什么。项梁又继续高声控诉了暴秦的罪恶，而且告诉大家其他地方已经有好多人举起义旗了，我们也应该紧随其后。项梁口才不错，大家越听越觉得造反有理。

当项梁讲完后，大家振臂高呼，欢迎项梁做他们的领袖，也要加入反秦大业。于是整个郡守府的官吏、士兵转头成了反秦的义军。项梁接着又命令各级官吏去下属各县说服当地官吏、士兵、百姓跟随起义。一通操作猛如虎，很快项梁叔侄得到了八千精兵。二人把当初物色的很多吴中豪杰任命为各级官吏，项梁自封为会稽郡守，项羽为副将，完全掌控了会稽郡下各县。

初战成功

项梁叔侄起事的时候，最先起义的陈胜部将召（shào）平正在攻打广陵，却迟迟没有成功。而在此时，却传来了陈胜败走、秦兵马上要包围自己的坏消息。召平无法，就偷偷跑过长江，面见项梁，假装传达了陈胜的命令，封项梁为上柱国，请他即刻带兵过江，共同攻击秦军。项梁大喜，立刻带着八千精兵出发了。而附近东阳地区正好也有一股义军，首领叫陈婴。项梁派人去见陈婴，邀请他一起西进。陈婴本人其实是个忠厚老实之人，本无造反之心。只是因为东阳县的年轻人造反后找不到首领，所以就强迫他当了头。陈婴的母亲也认为他们家不可能有称王的际遇，所以劝他不要当王。于是陈婴全军直接归并了项梁。

范增献计

项梁又连续接收了英布、蒲将军等人的队伍,兵进薛县。刚刚安定下来,就听说陈胜已经败亡,项梁利用这个空档,自己发出邀请函,敦促各地义军首领来薛县会面,共商灭秦大计。此时,沛公刘邦也刚刚起义,听令而来。薛县会议的目的很明显:楚王陈胜已被杀死,项梁作为冒牌上柱国,希望让大家未来都尊奉他的号令。但如何名正言顺呢?正在发愁之际,一个七十多岁的老头子找到了项梁,他叫范增。这人献计道:"六国灭亡,楚最无辜。当初楚怀王被骗入秦,客死他乡,至今都有人怀念他。曾有人预言说:'楚虽三户,亡秦必楚。'您从江东起事,可以用复楚的旗号来号令群雄。另外派人找一下楚怀王的后人立为楚王,这样更得人心。"

立君复楚

　　项梁听了范增的话,连连点头,赶紧派人去民间寻找楚怀王的后人,还真让他找到了楚怀王的嫡(dí)孙——熊心。不过此时的熊心可不是什么高高在上的贵族,而是在给别人家放羊呢。项梁二话不说,就扶植熊心当了王,起个名字还叫楚怀王,因为这样能够引起楚国人的怀念,更有利于团结各地义军。于是,放羊娃摇身一变成了楚怀王。当然,这个楚怀王只是个傀儡(kuǐ lěi),真正的实权人物当然是项梁叔侄。薛县会议立了楚怀王,正式宣布恢复楚国,项梁把楚国上柱国让给了当初主动带军投靠他的陈婴,让他辅佐楚怀王建都盱台(xū yí),算是投桃报李,自己则号称武信君,统帅楚军,继续反秦。

诛暴秦·霸王泪·项羽

青史流光：跨越时空的那些人

胜中危机

除了楚国之外,在陈胜首倡起义之后,其他五国的旧贵族也纷纷跟随,掀起了复国的高潮。很多人纷纷称王,但都在陈胜的名义之下。而如今陈胜已经败亡,项梁新立了楚王。其他称王的自然各怀心思,义军之间很难达成步调一致的攻秦计划,结果经常被秦朝大将章邯(hán)各个击破。反观项梁的队伍却连战连捷,攻亢父、救东阿(ē)、战濮(pú)阳、胜雍(yōng)丘,甚至杀死了秦国原丞相李斯的儿子李由。这下项梁不由得骄傲起来,认为灭秦不过是举手之劳。手下人——原来楚国的令尹——宋义忧心忡(chōng)忡地劝谏道:"打了胜仗固然可喜,但因此而将骄兵傲,这可非常危险。而且进攻我们的秦军日益增多,这不能不让人担心。"

宋义预言

宋义的话本是良言,而项梁却没有虚心纳谏的胸怀。不仅不听,洋洋自得中被泼了冷水的项梁还一气之下打发宋义出使刚刚复辟的齐国,想要眼不见心不烦。郁闷的宋义不敢违抗命令,只好怏怏出行。正好在路上遇到了齐国派来的使者高陵君显,就随意聊了几句:"阁下是去见武信君项梁吗?如果是的话,我建议您还是不要去了,因为他现在志满意得、不知深浅,怕是很快就会败亡了。您如果去得慢一点也许还能保全性命,去得快了恐怕会被项梁牵累身死。"高陵君显惊讶万分,就没去见项梁,而是去见楚怀王。果然,宋义的话一语成谶(chèn),不出数日,项梁在定陶被章邯大败,战死疆场。

怀王不安

章邯击败了项梁，认为残余的楚军不足为惧，于是渡过黄河，会合了王离的军队一起去进攻复辟的赵国。赵王歇手下的一干文臣武将如国相张耳、大将陈馀根本不是章邯的对手，被章邯派遣王离、涉间团团包围在巨鹿城。这些人吓得魂不附体，赶紧派人向楚国求救。而此时的楚国刚刚经历了定陶惨败，楚怀王心里正惴(zhuì)惴不安，他召集了项羽、刘邦以及原先陈胜的忠实手下吕臣合兵一处，封吕臣为司徒、刘邦为砀郡郡长和武安侯，拱卫自己的安全。正自彷徨不安之际，齐国的使者高陵君显猛然想起了路遇宋义之事，有感于宋义当初的忠告，高陵君显决定投桃报李，帮助宋义一把。

宋义得势

　　高陵君显微笑着将宋义的预言告诉了楚怀王,说道:"宋义当初谈到项梁必败,数日后果然应验,还没开打就能看出军队胜败,这个人看来很懂行军打仗呀。"楚怀王正愁自己手中无人可用,没想到自己手下还有这样的人才,赶紧招宋义来见。一番促膝深谈之后,楚怀王对宋义非常欣赏。于是封宋义为上将军,项羽为次将,范增为末将,一起去救援赵国。而且其他将领也都归属宋义节制,宋义由此得了个威风凛凛的称号——卿子冠军。这样原先项梁手下的书吏、最多算是项羽同级的人,瞬间成了项羽的顶头上司。这对于心高气傲的项羽来说,简直是可忍孰不可忍。

项宋不合

救赵大军浩浩荡荡出发,抵达安阳时,却停了下来,而且一停就是四十六天。有道是军情如火,急于建功立业、为叔父报仇的项羽无法忍耐这种慢吞吞的军事行动。他急匆匆冲进宋义大帐,高声说道:"上将军,现在秦军包围巨鹿,我们应当赶紧渡过黄河,攻秦后方,与赵军里应外合,方能大破秦军。"宋义正在帐中假寐(mèi),闻声眼皮都没抬,冷冷说道:"将军所言并非良策。有道是能叮咬牛的牛虻却奈何不了虮虱。如今我们在这里坐观秦赵成败即可,秦军若胜,则必然疲惫,我们乘机攻击,必能获胜;秦军若败,则军心散乱,我们乘势追击,也能大胜。有这么容易的打法,为什么要硬碰硬呢?"

帐中口角

  宋义睁开双眼，微笑着又对项羽老气横秋地言道："项羽啊，要说披坚执锐、冲锋陷阵，我确实不如你，不过要说计谋机巧、运筹决策，你离我也差得远。所以，这种军国大事，你还是听我的命令比较好。"说罢，眼睛一瞪，冲着帐外大喝一声："军令官何在？传令下去，今后凡是凶猛如虎、违逆如羊、贪婪如狼，倔强不听军令者，一律斩首示众。"杵在下方的项羽被宋义这夹枪带棒的一顿言语打击气得须发皆张、青筋暴露。他恶狠狠地盯着宋义看了半晌，拂袖而去。宋义作为一个文人，最看不惯项梁叔侄这种飞扬跋扈（bá hù）、勇猛嚣张的武将，但他不明白的是，这样的武将往往能给他带来杀身之祸。

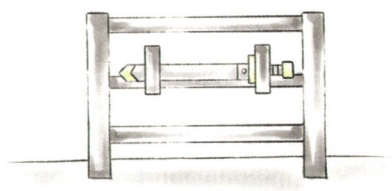

诛暴秦 · 霸王泪
Zhubaoqin Bawanglei

诛暴秦・霸王泪・项羽

宋义无能

项羽作为武将，与士兵们吃则同锅、住则同帐，战场上更是同生共死，其勇猛威武的身手很受大家佩服。所以士兵们对项羽的遭遇都深表同情，随之而来对骤得高位却竭力打击心目中英雄的宋义也没什么好感，军中渐渐酝酿着哗变的乌云。而宋义此时根本没兴趣去关注手下这些武夫们的想法，他在想着如何给自己谋取最大福利。他利用自己的身份和复辟的齐国勾打连环，说动了齐王让自己的儿子宋襄去齐国当相国。为了对外显示宋家的威势，他抛下前线将士，亲自送自己的儿子到齐地，而且大摆宴筵，欢会宾客。而留在安阳的士兵们则正处于凄风苦雨之中，一个个饥寒交迫，心中的嫉恨愤怒无以复加。

项羽蛊惑

项羽看似粗豪，实则在暗中悄悄观察。他敏锐地感受到了士兵们的不满，于是乘宋义缺位，以二把手的身份召集起大家来，慷慨激昂地发表了一通演说。他说道："我们此战的目标是救赵，可上将军不想着救赵于水深火热之中，却要狠心地等待着秦军消灭我们的盟友赵国，他这么做是不是不义？上将军自诩为智者，认为我们可以乘秦军疲惫时再行攻击，但强大的秦军对付弱小的赵国，必然一战而胜，到那时秦军定然士气大振，还谈什么'乘敌疲惫'，他这么做是不是不智？再说了，我军刚败，大王将全国将士交给上将军统领，而他却借此谋私，为自己的儿子谋取齐相的职位，他这么做是不是不忠？"

群情激愤

项羽顿了顿,接着又痛心疾首地批评道:"咱们大家舍生忘死出征的目的就是并力攻秦,可上将军却在此按兵不动一月有余,他这么做是不是怯懦?如今天下大乱,百姓贫苦,军中存粮不多,大家吃糠咽菜,连喂养牲口的东西都不能保证,而上将军却在此时跑到齐地花天酒地,大摆筵席,他这么做是不是不仁?"紧接着,项羽乘势振臂高呼:"这样不忠不信、不仁不义、怯懦畏战之辈,能作我们的上将军吗?能够带领我们打败暴秦吗?"围观的士兵们本就心怀一肚子气,此刻在项羽的鼓动下顿时群情汹汹,高声应和:"不能,不能!"项羽的威望一时间达到了高潮。

宋义身死

还沉浸在父子均得高官美梦中的宋义根本不知道发生了什么，一回到营中就被闯入军帐的项羽斩杀了。众将都说："楚国能够复建，全赖将军家人，今日诛灭了乱臣贼子的又是将军，所以您应当为上将军！"项羽哈哈大笑，也不推辞，直接代理了上将军的职务。为了斩草除根，他又派人去齐地追杀了宋襄，之后才派桓楚去向楚怀王报告此番变故。楚怀王心中极为恼怒，这简直是对自己尊严和权威的严重挑衅，可王位都是项家人给的，他又哪里敢得罪项羽呢？只好违心地宣布承认项羽的上将军之位，命令诸将听从项羽调遣。项羽夺权成功，一改宋义的战略，命令全军即刻拔营起寨，渡河击秦。

诛暴秦·霸王泪
Zhubaoqin·Bawanglei

破釜沉舟

项羽率兵过河之后，做了一件令所有人都出乎意料的事情。他命令士兵们把过河用的船只一一凿沉，把煮饭用的铁锅全部砸烂，把住宿用的军营尽数烧毁，只带够三天的干粮整军出发。意思告诉全军将士，只能前进，勇猛杀敌，没有任何的退路。不成功，便成仁。要么大获全胜，要么死无葬身之地。项羽率军一马当先，杀入敌阵，众军随后，一时间喊杀声直透天际。只见楚军人人奋勇争先，个个以一当十，将昔日强悍无比的秦军杀得节节败退。当时来救援赵国的不只有楚军，还有其他诸侯国的人，可是面对喊杀震天、鲜血横洒的秦楚大战，他们只敢龟缩在自家营垒中观看，两股战战，哪敢出击？

巨鹿成名

勇猛无畏的项羽九战九胜，一举击溃包围巨鹿的秦军，秦将苏角阵亡，涉间自焚而死，王离被活捉，不久后被项羽所杀。昔日王离的爷爷王翦在秦国统一六国灭楚之战中斩杀了项羽的爷爷项燕，今日项羽终于得报大仇。得胜后的项羽睥睨众人，趾高气扬地端坐中军宝帐，其他诸侯一个个跪着进门参拜，头都不敢抬。**项羽凭着巨鹿之战，一战成名，威震天下。**这下项羽成为名副其实的上将军，而且不光是楚国的上将军，其他各路诸侯名义上都归他统帅了。项羽击败了王离、涉间，解了巨鹿之围，但进攻赵国的秦军并未退却，章邯所率的秦军主力仍旧驻扎于旁边，最终胜负仍未分晓。

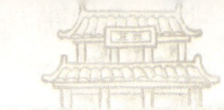

章邯降楚

两军相持数月，均无战果。此时秦军内部出了问题。秦二世胡亥及其宠臣赵高对前线将领章邯非常猜忌，章邯为此愁眉不展。而赵国的陈馀也送信劝说章邯跟诸侯们一起攻秦，分割大秦江山、各自为王。犹豫不决的章邯派人去找项羽，想要订立归降合约。项羽初时不愿纳降，但考虑到粮草不足，就同意了。双方在殷墟会面订好了盟约，章邯面对意气风发的项羽，忍不住涕泪横流，一边向昔日的敌人倾诉赵高的种种劣迹，一边感叹着自己有家难回、有国难奔。项羽大笑，没有为难章邯，而是封他为雍王，同时任命昔日对项梁有救命之恩的降将司马欣为上将军，统帅投降的秦军为先头部队。

新安杀降

　　投降的秦军与诸侯军一起进兵咸阳,到达新安时,两军发生了摩擦。诸侯军的大部分士兵都来源于普通百姓,昔日曾常常被鞭子驱赶着服徭役、戍边塞,秦兵对他们作威作福,动辄(zhé)打骂侮辱。现在情势逆转,诸侯军正好可以借机虐待秦军,以报当年之仇。这自然引起了投降秦军的强烈不满。有人私下抱怨:"章邯骗我们投降了项羽,带我们进攻自己的老家,成功了并不值得夸耀,一旦失败,咱们亲人都会被朝廷处以极刑。这可如何是好?"这些议论很快传到了项羽耳中,项羽召集英布等将商量,认为现在投降的秦军太多,这非常不安定,一旦反叛,后果不堪设想。项羽一咬牙,下令将二十万秦军连夜活埋。

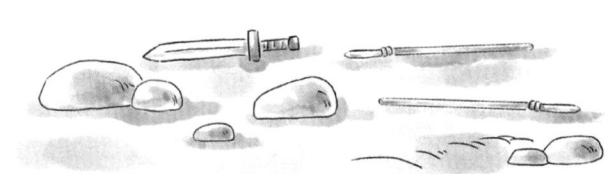

诛暴秦·霸王泪·项羽

刘邦入秦

项羽领军在黄河北岸救赵，与章邯主力厮杀之际，楚怀王命令沛公刘邦率领另一路人马西向攻秦。出征前，楚怀王曾与各诸侯将领约定：先入咸阳者为王。结果等项羽激战巨鹿、消灭秦军主力、率军直扑咸阳、兵至函谷关时，才发现已经有诸侯军把守关隘。再一打听，方才知道在自己北上救赵的时候，刘邦已经乘咸阳兵力空虚，直破咸阳。而在此之前，大秦宫廷早已内乱，先是赵高杀死了秦二世胡亥，对外宣布去掉了皇帝的称号，恢复了秦王的称呼，同时扶植了新的傀儡秦王子婴。而子婴在刘邦兵临城下前，又设计杀死了赵高。刘邦大军一到，自知无力抵抗的子婴便绑缚了自己直接开城投降了。

怒气填胸

项羽无法容忍刘邦先入咸阳而称王,更不能接受是刘邦受降秦王的事实。嫉妒暴怒之下,项羽不顾盟友情谊,挥军攻破函谷关,直至新丰鸿门地界。而此时的刘邦也没有留在咸阳,而是屯兵于霸上。项羽四十万大军对阵刘邦十万大军,胜负的天平很明显倾向于前者。在这泰山压顶的险境中,刘邦的军中出现了一个投机者,左司马曹无伤。这家伙偷偷派人跑到项羽跟前进谗言:"刘邦想要在关中称王了,他不仅让秦国的原大王子婴为相国,而且还把秦人从全国各地搜刮到的金银珠宝都纳入自己囊中了。"一番话把项羽撩拨得气冲牛斗,连声吐喝:"来人呀,全军厉兵秣(mò)马,明天一早给我攻破刘邦。"

青史流光：跨越时空的那些人

我左青龙，右白虎，天下谁人有？

亚父补刀

　　项羽手下的第一谋士、被他尊称为"亚父"的范增也在旁边补刀:"刘邦这家伙在没发迹之前,又贪财,又喜欢美女,可是这次进了咸阳之后,一份财物没取,一个美女没收,可见其志向不小。而且我找算命的给他望过气,说他的气相是龙虎状,色成五彩,这可是将来要当天子的征兆。现在我们军力强大,要赶紧下手,千万别让他成了气候。"项羽闻听愈加恼怒,连夜调兵遣将,准备一早出兵收拾刘邦。可刘邦手下有曹无伤叛变,项羽的手下也有一个这样的角色。这个人地位还不低,跟项羽关系还很近,正是项羽的本家叔叔——项伯。项伯在军事会议上得知了项羽要一早进攻刘邦的消息,不由得心急如焚。

项伯救刘

项伯倒不是担心刘邦，他跟刘邦素无交往，但是跟刘邦手下的第一谋士张良关系莫逆。以前项伯杀过人，还是张良帮助他才留得一命，所以一直视张良为恩人。现在项羽要进攻刘邦，刘邦一定不是对手，覆巢之下无完卵，刘邦败了，张良也难以幸免。于是，项伯悄悄地夤(yín)夜来见张良，把项羽的行动计划和盘托出，然后让张良赶紧随自己离开。可是，张良不愿意背弃主公。而是和刘邦一起宴请项伯，又是约为儿女亲家，又是剖明自己没有称王的心迹。一番糖衣炮弹的攻势之下，项伯答应为刘邦美言，并叮嘱他们明天一早到项羽军营中解释。项伯回到营中，跟项羽坦白了此事，项羽并没有责怪项伯泄露军情。

鸿门问罪

次日,刘邦和张良如约而来。项羽没好气地盯着刘邦,等他解释为何要封闭函谷关,是不是想要自己称王。刘邦躬身赔罪道:"我和您一起攻秦,路线不同,我只是运气好才先攻破的咸阳。攻破之后,一直等待您的到来。哪敢有什么二心?我猜这一定是有人在您面前说了什么鬼话吧?"项羽看到刘邦是如此谦卑懦弱,不禁哈哈大笑,坦诚道:"正是如此啊,你猜得不错,是你手下的左司马曹无伤派人跟我说你想关起门来称王的。"可怜曹无伤这家伙投机不成,转头就被项羽卖了。刘邦听闻此言,表面不动声色,连声道歉说都是误会,心里却恨不得将曹无伤生吞活剥。项羽大喜,命人安排酒宴款待刘邦一行。

举棋不定

　　项羽被刘邦一番惺惺作态所蒙骗,心中早已没有了杀意。可"亚父"范增轻易识破了刘邦的面目,觉得必须要借着这次鸿门宴会除掉这个未来最大的对手。席间,范增又是使眼色,又是发暗号,急得像热锅上的蚂蚁,频频示意项羽赶紧动手。可优柔寡断的项羽却装作看不见,迟迟没有动静。没办法,范增知道自己大王不合时宜的"仁慈"心发作了,寄希望于大王下命令已经不可能,看来要杀掉刘邦,必须另辟新径。范增眼睛一转,计上心来。他借故走出帐外,命人唤来项羽的本家兄弟项庄,下令让他去席间借口舞剑助兴,伺机刺杀刘邦。到时候木已成舟,即使项王责怪自己擅作主张也不要紧。

诛暴秦・霸王泪・项羽

青史流光：跨越时空的那些人

项庄舞剑

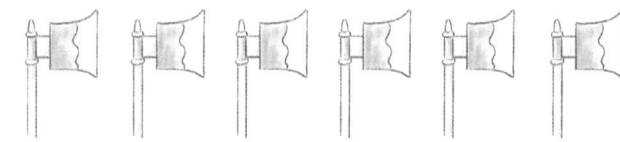

项庄领命，进帐为刘邦敬酒，并请求为客人舞剑助兴。项羽不疑有他，点头答应。于是，项庄拔出宝剑，边舞边向刘邦靠近，锐利的目光直刺刘邦。正是"项庄舞剑，意在沛公"。刘邦此时只有张良相陪，根本无人可以保护，眼见得项庄杀意频现，忍不住心中惶恐万分。在这危急时刻，项伯长笑一声，挺身而起，仗剑与项庄共舞。表面助兴，实则处处掩护刘邦。项庄此时有些傻眼，不知道该怎么办。自家的谋士范增命令自己杀刘邦，而自己的叔叔项伯又保护他，再看看大王，好像专心于舞剑，根本看不出对刺杀一事的想法。一头雾水的项庄进退两难，越舞越没有底气。正在这时，门外一阵金属交击的声响传来。

樊哙闯帐

帐门一掀,一个昂藏大汉闯了进来,项庄项伯借机从尴尬的剑舞中退了下去。大汉怒气冲冲地瞪着项羽,发竖冲冠,目眦尽裂。项羽吃了一惊,按剑挺身而起,喝问:"你是何人?"张良道:"此人是我家主公手下的护卫樊哙。"项羽眯着眼上下打量了樊哙好一会儿,称赞道:"好,真乃壮士啊!赐酒。"左右递了一大杯酒给樊哙,樊哙二话不说,一饮而尽。项羽又喝一声彩,命人给他一整只猪肘。樊哙也不迟疑,将猪肘放在盾牌上,拔剑边砍边吃,风卷残云般不一会儿消灭了整只猪肘。项羽越发对樊哙的豪壮欣赏不已,又问:"壮士还能再喝酒吗?"樊哙抗声答道:"死都不怕,还怕喝酒?"

刘邦遁逃

　　樊哙痛饮几口，扔掉酒卮（zhī），气呼呼地继续说道："楚怀王曾经跟诸将有约：'先入咸阳者为王'，可沛公先入了咸阳之后，并未称王，连一丝一毫的财宝都没有拿，反而命人封闭秦王宫室，撤军回返霸上，专候您的到来。可您呢？却听信小人之言，想要加害我家主公，不知是何道理？"项羽心中甚觉羞愧，不知如何对答，只好连声让座。酒过三巡，刘邦三人先后借故离帐。在外密谋一番后，刘邦、樊哙带人个辞而别，先行逃走。张良则进帐假装道歉，并献给项羽白璧一双、范增玉斗一对。项羽欣然接受，而范增却怒气冲冲地将玉斗摔在地上，拔剑砍得粉碎，跌足大骂："竖子不足与谋，我们不久都会被刘邦所擒啊！"

目光短浅

鸿门宴后，项羽大摇大摆地进驻咸阳。他无情地诛杀了已经投降的秦王子婴，纵火焚烧了大秦宫殿。火光冲天，三月不熄。可怜耗费无数人心血的、宏伟壮丽的阿房宫化为焦土。项羽又收纳了秦宫所有的珠宝、美女，然后浩浩荡荡离开咸阳，准备回到自己的老家江东去。有人劝他应在关中称王，项羽大笑道："我如今功成名就，如果不回家乡去炫耀，那不就像锦衣夜行，穿着漂亮的衣服却在黑夜里行走，没人能看得见，还有什么意思啊？"劝说者长叹一声："人人都说这楚国人沐猴而冠，果真如此。一只猕猴你就是给他穿上华衣、戴上冠冕，也还是徒有其表，难成大器啊！"项羽大怒，把这个人扔鼎里烹杀了。

分封诸侯

项羽衣锦还乡，原先的楚怀王变得更加无足轻重。项羽恭称他为"义帝"，实际上剥夺了他所有权力。项羽大张旗鼓地分封参与灭秦之战的将领为各地的王，其中为了防范刘邦，将他分封在巴蜀一带，为汉王。这一地区山路险峻，与中原地区交通不便，项羽自认为可以有效防范刘邦崛起。同时又将章邯、司马欣、董翳(yì)三个秦朝降将分封在原先秦国所在的关中地区，称为雍王、塞王、翟王，这么做一是为了报答司马欣当年释放项梁的恩情以及对章邯三人及时投降自己的奖赏，二是为了让这三王就近监控刘邦。此外，还分封了诸如九江王英布、常山王张耳等一大批王。项羽则自封为西楚霸王，定都彭城。

诸王叛乱

胜利果实分配完毕,诸王各自归国。项羽回彭城前,为了摆脱原来的楚怀王、现在的义帝这个累赘,派人偷偷杀害了他。这样项羽就成了名义上的天下共主。此时天下看似已经安定,但实则暗流涌动。利益分配不均很快产生了恶果。就在项羽返回彭城不久,各个地区的诸侯王以及没有得到分封的人就开始互相攻杀,战乱频仍,王位更迭。尤其是战国时代齐国的贵族后裔田荣不满项羽的分封,直接赶杀了项羽分封的人,而自立为齐王,称霸三齐地带。刘邦也不满汉王的称号,乘着齐地叛乱,拜韩信为将,伺机出兵巴蜀。韩信明修栈道,暗度陈仓,轻易地击败卧榻之侧的监视者——章邯三王,拥有了关中地区。

诛暴秦·霸王泪
Zhubaoqin Bawanglei

青史流光：跨越时空的那些人

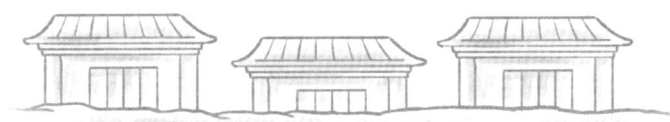

齐地苦战

项羽想要收拾三齐田荣，可又忧虑刘邦出关。没想到刘邦再次示弱，表示只想拥有关中地区，对其他地方没有任何想法。项羽信以为真，不再关注刘邦，全力对付田荣。要进攻齐地，项羽还想找一个盟友，于是拉拢九江王英布与其一起行动，可英布不肯削弱自己实力，假装生病，只是象征性地派了手下的将领带了少量人相助。项羽心中暗恨，却一时拿英布没有办法，只好独自领兵进攻齐地。田荣不是项羽的对手，很快战败身死。叛乱本已平定，但项羽不肯罢休，继续烧杀抢掠，动不动就将当地百姓坑杀残害。结果引得齐地人又啸聚一起发动叛乱，这次的领头人是田荣的弟弟田横。项羽和田横连战日久，却始终无法获取全面胜利。

大败汉王

　　就在项羽深陷齐地叛乱泥潭之际，狡猾的刘邦撕下伪装，率兵从关中东进。一路上打着为义帝复仇的旗号，号召诸侯共同讨伐项羽。很多对项羽不满的诸侯纷纷响应。刘邦一共纠集了五十六万联军，浩浩荡荡杀奔项羽的老家，一举攻陷彭城。项羽大惊，派手下将领继续攻略齐地，自己率精兵三万回师彭城。此时，占据了彭城的刘邦骄傲了起来，不思战备，只知道与诸侯们饮酒作乐。结果旷世猛将项羽一来，这帮人立刻如鸟兽散。项羽率众如虎入羊群一般，将联军杀得七零八落。刘邦只带了数十骑逃脱，路上为了逃命几次把自己的儿子、女儿都推下车。项羽未能捉住刘邦，却俘获了他的夫人吕雉和父亲刘太公。

青史流光：跨越时空的那些人

老匹夫，忍你很久了！终于滚蛋了。

怪我当初瞎了眼！

范项失和

刘邦一路奔逃,直到荥阳才重新站稳了脚跟,原先背楚向汉的诸侯们又纷纷背汉向楚。项羽带兵围攻荥阳,汉军缺粮少食,不得已只能向项羽求和,约定以荥阳为界限,两家停止交战。项羽本来想答应,可是,**亚父范增劝道:"汉军现在已是穷途末路,现在不乘胜攻击,彻底消灭他们,以后必定后悔。"**项羽听从了范增的劝谏,更加猛烈地进攻荥阳。眼见情势不妙,刘邦手下的谋士陈平献了一条离间之计,巧妙地让项羽怀疑范增和汉军有勾结。项羽中计,对忠心耿耿的范增有了怀疑。范增无法自辩,只能**痛心疾首**地提出告老还乡,项羽毫未挽留。为项羽争霸天下**殚精竭虑**(dān jīng jié lǜ)的老人黯然离开,不久忧虑病亡。

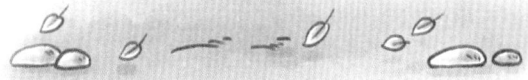

烹父逼刘

项羽羽翼被剪，但双方继续鏖战。刘邦一边与项羽相持，一边找其他盟友袭扰项羽后方。项羽疲于奔命，但每次都能凭借自己的勇武迅速破敌，稳定后方，再回师前线跟刘邦对敌。为了逼迫刘邦尽快投降，项羽把刘邦的父亲刘太公绑缚阵前，威胁刘邦再不投降，就把刘太公煮着吃了。本以为刘邦会惊慌焦急，却不料刘邦说道："咱们两个曾经在楚怀王面前约为兄弟，我父亲就是你父亲，你要杀了父亲吃，那也分我一份肉吃吧。"项羽面对刘邦这种无赖行径，只能跳脚大骂，却无可奈何。一计不成，项羽又生一计，派使者对刘邦说："天下生灵涂炭都是因为咱们两个争斗，要不咱俩决斗一番，不要连累天下百姓如何？"

你再不投降,
我便把你爹煮了吃了。

我爹就是你爹,你要吃,也分我一份。

诛暴秦・霸王泪・项羽

青史流光：跨越时空的那些人

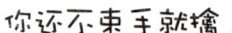

神威慑敌

刘邦这种弱鸡自然不敢与勇冠天下的霸王拼斗,大笑回复:"我宁愿斗智,而不斗力。"项羽无奈,派楚军中的勇士挑战,结果汉军中一个叫楼烦的,非常善射,一箭射杀了项羽手下的勇士,项羽大怒,披甲持戟亲自挑战,楼烦故技重施,想要射项羽。项羽神威凛凛,双目圆瞪,高声怒喝。楼烦竟然吓得不敢看项羽,转身逃归本阵,再不敢出战。双方的拉锯战旷日持久,可刘邦手下的大将韩信早已击败了北方的齐、赵等地诸侯,从另一方向直扑楚军,更糟的是项羽后方腹地又一次战火复燃,楚军粮道被断。项羽无奈,只能再次回师平定后方。临行前,告诉大司马曹咎不可出战,静等自己十五日后回返。

鸿沟求和

　　项羽挥师后方，果然势如破竹，迅速击败了袭扰的敌军。可是留于前线的曹咎却没有统领全军的本事，不到五六日，就在汉军的引诱下贸然出击，大败亏输下，与董翳、司马欣三人自刎于汜（sì）水河畔。项羽紧急回军，汉军不敢交战，赶紧撤退，双方又一次陷入胶着。这时汉军粮食充足，而楚军粮食匮（kuì）乏。刘邦派人游说项羽，双方讲和，让把父亲刘太公放回去。项羽开始不愿意，但终究无力再战，只好勉强答应。

　　双方约定以鸿沟为界限，鸿沟以西为汉地，鸿沟以东为楚地。双方罢兵，项羽归还了刘邦的父亲和妻子。天真的项羽见约定已经达成，就率军放心地回返彭城。可刘邦一方人马会遵守诺言吗？

诛暴秦·霸王泪·项羽

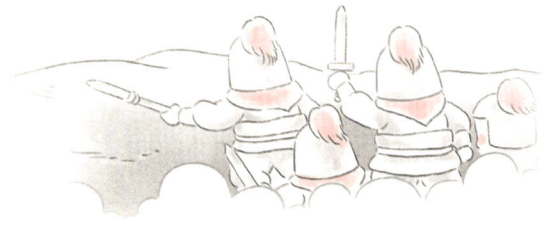

刘邦背信

其实刘邦本来也打算西归老巢，可是张良、陈平二人坚决不同意。他们一起进言道："如今天下已经有过半之地归属汉国，而且诸侯们都肯遵从汉令。反观项羽，现在兵疲粮尽。此刻正是消灭楚国的好时机。如果现在不乘胜追击，而是放任项羽回去休养生息，那才真是养虎为患呀！"刘邦醒悟过来，于是派兵联络韩信、彭越等人，一起追击项羽。一直东西奔走、疲于救火的西楚霸王即便再勇猛，也无法连续不断地对抗层出不穷、不断骚扰的汉军、诸侯军。他只能一边气急败坏地怒骂刘邦背信弃义，一面见招拆招，拼死对抗联军的围杀，最终还是寡不敌众，被韩信十面埋伏，围困于垓下。

四面楚歌

　　连番血战过后，项羽只有两万疲惫之卒，而对方却有七十万大军。夜晚时分，项羽正在帐内彷徨不安，忽然听到四面围困的汉军中传来阵阵楚国歌声，大惊跃起，骇然道："难道我们楚国都已经陷落了吗？否则为何有如此之多的楚人唱歌？"其实，这不过是韩信施展的瓦解楚军士气的计策罢了。项羽不知情的情况下，愈感英雄气短，愁肠郁结。于是也不睡觉，呆坐于帐中苦饮解闷。项羽有一个最为喜欢的姑娘，名叫虞姬，看项羽烦闷，就进帐为他斟酒。醉眼蒙眬中，项羽看着如花的美人，听着帐外自己赖以南征北战的好伙伴乌骓马的嘶叫声，再想想自己如今被困垓下，穷途末路，忍不住起而高歌。

青史流光：跨越时空的那些人

虞姬，虞姬呀！

垓下悲歌

"力拔山兮气盖世，时不利兮骓不逝。骓不逝兮可奈何，虞兮虞兮奈若何！"悲怆苍凉的歌声直透帐内帐外。虞姬一边和唱，一边拔剑起舞。灯烛摇曳下，虞姬优美的身影仿佛是送给霸王最后的礼物，周围众人无不泪如雨下。夜阑灯残，项羽放下虞姬那渐渐冰冷的身体，缓缓起身，大踏步走出帐外。一夜楚歌声后，楚军军心已经彻底瓦解，只有从江东带出来的八百忠勇之士还在紧紧跟随。项羽深吸一口气，暴喝一声，跃马挺戟。他要带着八百兄弟突围而去。汉军发觉后，由灌婴率领五千人马在后衔尾追杀。楚军人数越来越少，当项羽率众渡过淮河后，身后只有一百多人了，而且项羽悲哀地发现自己居然迷失了方向。

龙困大泽

项羽四下寻路，恰好看到路边有一个老农，就上前问路。这个老农非常随意地答道："向左。"项羽不辨真伪，引众向左，结果陷入了大湖沼之中。这正好给了汉军追上的机会。无奈之下，项羽只好转身仓皇向东。等到达东城时，身后只有二十八骑了，而后面的追兵则有数千人。项羽自知不能逃脱，勒住马匹，回头对身后从骑说道："我起兵抗暴秦、争天下已逾八年，亲历战阵七十余场，攻无所当，战无不服，所以方能称霸王、获天下。而今龙困浅滩，这是上天要灭亡我，绝非作战之错。请诸位上眼，我今日将冲阵三次，为你等破重围、斩汉将、斫(zhuó)大旗，以证明我所言非虚。"

左冲右突

说罢,项羽将二十八骑分作四组,面朝四个方向奋力冲杀。果然,项羽所到之处,汉军辟易(bì yì),豕(shǐ)突狼奔。汉将赤泉侯杨喜不忿项羽耀武扬威、斩杀汉将,于是纵马来追。项羽瞋目怒喝,竟吓得杨喜尚未交手就落荒而逃。此一战,项羽在数千人围困之下,如入无人之境,左冲右突,斩杀汉军上百人,而自己仅仅损失两人。项羽从容驻马于小坡之上哈哈大笑,问左右道:"我所言如何?"诸骑异口同声佩服道:"果如大王所言。"但个人的武勇无法挽救整个战事的颓败,项羽最终被围困到乌江水畔。前有滚滚江水相拦,后有赳赳武士相逼,在此绝境之下,曾经纵横天下的项王该何去何从?

拒回江东

　　一叶扁舟停泊岸边，这是乌江亭长听说项羽兵败，为他的大王准备的唯一一艘小船。他催促项王快快登船东渡，以便将来依据江东之地东山再起。项羽回顾左右的二十几人，又望望远处重重围困的万千敌军，惨然笑道："上天欲要灭我，我何必再回江东？当初八千江东子弟追随我争霸天下，如今无人得以归还。我又有何面目去见江东父老？"言罢，略作沉吟，又道："我知亭长是位忠厚长者，我这匹乌骓马跟随我已历五年，日行千里，我不想它白白送命，就送给你吧。"亭长涕泗横流，哽咽(yè)难言。霸王跳下战马，向敌而行，身后二十余名将士紧紧相随，慷慨赴难。这，是项羽的最后一战。

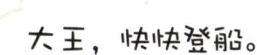

最后神勇

　　接敌、冲撞、跳跃、厮杀，身后的随从一个个相继倒下，只有项王像不知疲倦的机器般一直砍杀，死于其手的汉军竟有数百人之多，而项王自己也是伤痕累累，伟岸的身躯在夕阳的斜晖下显得尤为苍凉。重重叠叠的人影中，项羽忽然看见了昔日的一个朋友、汉军将领吕马童正在后面呼喊叫嚣着指挥士兵冲锋，就高声叫喝："吕马童，还认识故人吗？"吕马童不敢搭话，悄悄跟旁边的另一员汉将王翳低语道："此人就是项王。"项羽哈哈大笑，轻蔑地看了两人一眼道："我听说刘邦想用一千金加封万户的赏赐来得我的人头，我也不认识别人，就认识你，那就把我的人头送你当大礼吧！"

霸王谢幕

　　一蓬鲜血直冲霄汉，项羽用生命捍卫了自己曾经雄视天下、纵横九州得来的霸王尊严。他浴血的身体在夜风中仍旧屹立、岿（kuī）然不倒。汉军众将如豺狗蝗虫般扑向项羽的尸体，为了能得到一块残躯，为了将来能够封侯得赏，刚刚还相互倚靠、并力对敌的众人眨眼间恶魔附体，将刀剑斧钺砍向了身边的同袍战友。数十人自相残杀践踏而亡。最终，王翳、吕马童、杨喜、吕胜、杨武五人各得一块项王残躯，而这五人也凭借着这点微末功劳如愿以偿地得以封侯。项羽身死，持续四年之久的楚汉相争也落下了帷幕。亭长出身的刘邦终于笑到了最后，彻底平定天下，建立了赫赫有名的大汉王朝。

宁可站着死,绝不跪着生。

诛暴秦·霸王泪·项羽

青史流光：跨越时空的那些人

短视 招摇
抗挫折能力差
不重人才

勇猛绝伦
重亲情
爱战士
快意恩仇

是否英雄？

纵观项羽一生，其起兵反抗暴秦，攻必克，战必胜，勇猛绝伦。巨鹿一战，更是创造了破釜沉舟的经典战例。但是，政治上的短视是他的致命缺点。杀子婴、焚阿房、屠城池、坑战俘、斩宋义、害怀王，成功不愿锦衣夜行，失败无心东山再起，重亲情、爱武士、快意恩仇，这使得他在争霸斗争中往往坐失良机。而且他过分依赖自己的勇武，对智慧之士不甚重视，诸如韩信、陈平等人均曾是他的手下，却最终背楚向汉。唯有范增一人死心塌地，却被逼离开。更不用说鸿门宴放虎归山，令人扼腕叹息。乌江滚滚，王图成梦，唯有《霸王别姬》至今仍在演绎那扛鼎之躯下深含的绵绵爱意、汩汩热泪。

小小评论家

1. 你觉得西楚霸王项羽是个了不起的英雄吗？试举出三个理由。

   _____

2. 你觉得造成项羽失败的原因有哪些呢？

   _____

3. 你能背得出项羽最后一战前吟唱的《垓下歌》吗？

   _____

4. 如果你是范增，你有什么办法能够帮助项羽击败群雄吗？
   _____

5. 你能从文中找出多少个来自于项羽故事的成语典故呢？
   _____

文史小课堂

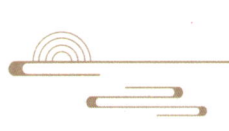

1. 秦灭六国：中国历史上最为重要的事件之一。秦王嬴政通过战争手段，击败战国时期并存的韩、赵、魏、楚、燕、齐六国，统一天下，从而建立起中国历史上第一个封建王朝——秦朝，嬴政也因此成为中国历史上第一个皇帝——秦始皇。

2. 驰道：秦朝建立后，秦始皇为了更加方便地统治原来的六国旧地，命人修建了从咸阳通往各地的主要道路，是为"驰道"，相当于今天的"国道"。

3. 浅尝辄止：稍微尝试一下就停止，指对知识、学问等的认知浮于表面，不作深入的研究。

4. 陈胜吴广起义：又称大泽乡起义。秦朝建立后，用严刑峻法统治百姓，导致大家苦不堪言。秦始皇去世后，昏庸的秦二世胡亥继承皇位，天下更加暗流涌动。公元前209年，前往渔阳戍守的贫民陈胜、吴广率众在大泽乡发动起义，从而掀起了秦末反秦大起义的风暴。这是中国历史上第一次大规模的农民起义。该支起义军初期进展顺利，但很快被秦将章邯等人镇压。

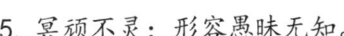

5. 冥顽不灵：形容愚昧无知。

6. 上柱国：战国时在楚国、赵国设置的高级官职，后世逐步演变为勋官。

7. 一语成谶：所说的预言最后真的变成现实，多用于不好的事情。

8. 魂不附体：魂魄吓得都不能再依附于肉体，形容极为害怕。

9. 惴惴不安：形容因害怕、担心而形神不定。

10. 投桃报李：比喻相互之间友好赠送，礼尚往来。

11. 是可忍孰不可忍：如果这都能忍受，那就没有不能忍受的事情了。表示难以忍受之意。

12. 不成功，便成仁：出自《论语》，如果不成功，那便成就仁，仁是古代儒家最高的道德准则，为了仁可以舍弃生命。因此，这句话可以理解为如果不能成功，那么为了成就仁，甘愿舍弃生命。

13. 巨鹿之战：历史上著名的以少胜多的战役，既是秦末起义军消灭秦朝主力的关键性战役，也是项羽的成名之战。因这场战役,产生了诸如"破釜沉舟""以一当十""作壁上观"等成语。

14. 气冲牛斗:气势直冲天空,形容气势很盛。牛斗,指古代星象当中的牛宿和斗宿,借指天空。

15. 厉兵秣马:磨好兵器,喂饱战马。形容准备战斗,也比喻事前做好准备工作。兵,这里指兵器。

16. 鸿门宴:楚汉相争时期著名的政治事件。起因在于项羽、刘邦两支反秦义军在覆灭秦朝后,都想进一步统一天下,从而发生冲突。鸿门宴上,西楚霸王项羽未能果断杀死当时还很弱小的刘邦,养虎为患,最终失去了问鼎天下的资格。后世常以"鸿门宴"来形容不怀好意、饱含危险的邀请宴会。

17. 目眦尽裂:目眦,指眼角、眼眶。眼眶裂开,形容人愤怒到了极点。

18. 殚精竭虑:用尽了精力、耗尽了心思。形容费尽心力地思考。

19. 四面楚歌:语出《史记》中项羽垓下被围的故事,后世用来形容因遭受各方面的逼迫,而陷于孤立窘迫的境地。

20. 辟易（bì yì）：退避的意思。

21. 豕突狼奔：像野猪和狼一样地四散奔跑，含贬义。

22. 霸王别姬：成语，源自《史记》中项羽临终前的故事，后世常用于形容英雄穷途末路的悲怆之情，以此为蓝本，常有影视剧、戏曲等演绎创作。

诛暴秦·霸王泪·项羽

人物小传

项羽：本名项籍，号西楚霸王，秦末反秦起义各路人马中的主力。曾在巨鹿之战中破釜沉舟，创造了以少胜多的经典战役。勇力绝伦，力能扛鼎。但为人残忍好杀、优柔寡断，缺乏政治眼光，在楚汉相争中，逐步丧失优势，被刘邦击败，自刎于乌江。

项梁：项燕之子，项羽的叔父。继陈胜吴广大泽乡起义后，带领项羽在会稽起兵反秦，并在薛县拥立楚怀王，复建楚国。战功卓著，但后来因骄傲自满被秦朝大将章邯击败身死。

陈胜：秦末农民起义领袖，本为戍卒，因未能按照期限到渔阳戍守，面临酷刑，遂在大泽乡与吴广率先发动反秦起义，喊出"王侯将相，宁有种乎""伐无道，诛暴秦"的口号，建立"张楚"政权，自任楚王。后被秦朝大将章邯击败，为其车夫庄贾谋杀。

吴广：秦末农民起义领袖，本为戍卒，与陈胜在大泽乡一起起义，曾帮助陈胜用"篝火狐鸣"的方式确立其领导地位，被陈胜任命为假王。后在攻打荥阳时，被起义军中另一个首领田臧杀害。

殷通：秦朝会稽郡郡守，与项梁为好友。听说陈胜起义后，殷通本欲拉拢项梁一起起义，但未料项梁不甘人下，遂被项梁、项羽合谋杀害。

召平：秦朝末年，追随陈胜吴广反秦起义，率兵攻打广陵时，听说陈胜战败，遂假传陈胜命令，封刚刚起义的项梁为上柱国，令其过江西向攻秦。项梁八千江东子弟借此成为抗秦主力。

陈婴：秦朝东阳县人，为人谨慎忠厚，秦末反秦起义中，东阳县年轻人造反，但无人领导，故强迫陈婴为首领，组成苍头军。但陈婴母亲认为陈家不可能出当王的人，于是陈婴带领部队投靠了项梁。后被项梁任命为楚怀王的上柱国，项梁死后，随项羽征战，项羽兵败后，投靠刘邦，封堂邑侯。

英布：秦末汉初名将。因受过黥刑，故也称"黥布"。秦末起义中，追随项梁、项羽，战功赫赫，被项羽封为九江王。在楚汉相争中，背楚归汉，辅佐刘邦打败项羽，封为淮南王，与韩信、彭越并称汉初三大名将。后因谋反，被汉高祖诛杀。

蒲将军：秦末项梁、项羽军中将领，参与巨鹿之战。

范增：秦末项梁项羽义军的主要谋士，曾在薛县会议中建议项梁拥立楚怀王，参与巨鹿之战，被项羽尊为"亚父"。在鸿门宴中竭力主张杀掉刘邦，但未能成功。后刘邦谋士陈平施展反间计，导致其被项羽猜忌，气愤离开。

楚怀王：名熊心，本为战国时楚国贵族，秦灭六国后隐匿民间放羊。秦末各路义军起义后，被项梁找到，拥立为王，但并无权力。曾派遣项羽北上救赵、刘邦西征，并和反秦义军的各将领约定："先入关中者为王。"最终刘邦先入，导致项羽大怒。鸿门宴后，项羽分封诸侯，熊心被尊为"义帝"，但不久就被项羽派英布等人杀害。刘邦遂以此为旗号，号召诸侯反楚，由此拉开了楚汉相争的序幕。

章邯：秦朝的最后一员大将，是秦末扑灭各路起义的主要将领。曾击败陈胜、杀死项梁，消灭多路义军。但在巨鹿之战中被项羽打败，因受胡亥、赵高猜忌，被迫投降项羽。被项羽封为雍王，主政关中西部，为三秦之一，就近监视刘邦。后在刘邦进攻关中时，被

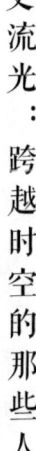

击败自杀。

宋义：原为楚国令尹，秦末参加反秦起义，投奔项梁麾下，曾劝项梁不可骄傲，但被排挤。后被楚怀王熊心赏识，成为上将军，号卿子冠军，带领项羽等出兵救赵，中途被项羽杀死。

李斯：法家思想的践行者，秦朝左丞相，深得秦始皇信任。对秦朝的建立及各种典章制度的设置功劳卓著。但为人自私，曾杀害同门韩非子。为了权势，与奸臣赵高合谋篡改始皇遗嘱，逼死原定继承人扶苏，改立胡亥为秦二世。但很快与赵高反目，被赵高诬陷谋反，腰斩于咸阳，并诛三族。

李由：秦朝将领，丞相李斯之子。秦末农民起义之时，任三川郡守，阻挡起义队伍，曾屡次击败陈胜、吴广。但未能阻止起义军队伍扩大，赵高乘机诬陷李斯、李由父子与义军勾结，导致李斯被杀。而李由领兵在外，幸免，但不久被义军破城，为刘邦手下曹参斩杀。

王离：祖父王翦、父亲王贲都是秦朝名将，是秦灭六国的主要功臣。曾有人预言，将军家族三代必打败仗，因为杀人过多，会被惩罚，王离是第三代，所以必败。果然在巨鹿之战中，王离被项羽打败，被俘后杀死。

涉间：秦朝将军，秦末镇压反秦起义时，在巨鹿之战中被项羽所败，围困中宁死不降，自焚而亡。

苏角：秦朝将军，原为蒙恬部将，秦末镇压反秦起义时，在巨鹿之战中被项羽所败，突围失败被杀。

高陵君显：秦末反秦起义中，齐国复辟后派出的使者。路遇宋义，收到项梁兵败的警告，后向楚怀王推荐宋义为上将军，引发宋义和项羽的冲突。

胡亥：秦朝第二个皇帝，称秦二世。依靠赵高、李斯篡改秦始皇遗诏夺得皇位，在位期间昏聩无能，残暴不仁，加速了秦朝的灭亡。后在秦朝风雨飘摇之时，被谋朝篡位的赵高杀死。

赵高：历史上著名的奸臣，秦二世胡亥宠臣。扶植胡亥篡位，权倾朝野，指鹿为马，诛贤杀能。为谋朝篡位，杀死胡亥。因群臣反对，未能当皇帝，只好另立秦宗室子婴为秦王，旋即被子婴设计杀死。

子婴：秦朝最后一个统治者，二世胡亥后，秦国实力大减，已不能称帝，故去帝号，称秦王。奸臣赵高在关外反秦起义高涨之时，杀死昏君秦二世，立子婴为王。子婴对赵高深恶痛绝，设计将其杀死。不久，刘邦攻入关中，子婴出城投降，秦朝灭亡。后子婴被项羽杀死。

赵王歇：战国时期，赵国贵族。秦末反秦起义及六国复国运动中，赵国复辟后的王，张耳、陈馀所立。巨鹿之战中被秦将章邯所围，得项羽解围。项羽分封诸王时，被封为代王，张耳为常山王，引起陈馀不满，陈馀遂攻击张耳，张耳战败，投靠刘邦。陈馀即立赵歇为赵王，自己任代王。后被汉军韩信攻灭，陈馀、赵王被杀。

张耳：战国至秦末人物，原为魏国信陵君门客，后秦始皇灭六国时，听闻其贤，悬赏捉拿，张耳隐姓埋名逃遁。秦末天下大乱，追随陈胜起义，先后拥立武臣、赵歇为王。巨鹿之战被章邯围困，得项羽解救。项羽分封诸将，被封为常山王，引起其好友陈馀不满，被后者击败，遂投靠刘邦，协助韩信攻略赵地。

陈馀：战国至秦末人物。本为张耳好友，曾共同拥立武臣、赵歇为赵王，但在巨鹿之战中，不肯尽力

解救赵王歇，为张耳责备，二人绝交。后又不满项羽分封，击走张耳。自己与赵王歇合作。后在韩信、张耳进攻赵地时，被韩信用背水一战的战法大败，被斩杀。

吕臣：秦末反秦起义军将领，陈胜部将。陈胜被章邯击败，并被车夫庄贾杀害后，吕臣组织苍头军重建张楚政权，并诛杀了庄贾。后先后随英布、项羽、刘邦抗秦，入汉后得爵位。现存其铜印一枚，是中国历史上第一次农民起义中流传下来的唯一一件文物。

刘邦：西汉王朝的建立者，谥号太祖高皇帝，后世称汉高祖。出身微寒，本为泗水亭长。秦末大乱时，在芒砀山斩白蛇起义，从事反秦斗争。后被楚国项梁、项羽收编。项梁死后，被楚怀王任命为西征统帅，领兵率先攻入秦朝都城咸阳。因不敌项羽，故在鸿门宴后退出咸阳，进驻巴蜀。不久与项羽反目，在楚汉争霸中战胜项羽，建立大汉王朝。后在平定内部叛乱时为流矢所中，不久病逝。

司马欣：原为秦朝栎阳县狱掾，项羽叔父项梁曾因犯法被抓，司马欣放过了他。秦末辅佐章邯镇压义军，在巨鹿之战中跟随章邯投降项羽，后被项羽分封为塞王，统治关中地区东部，为三秦之一。刘邦进攻关中时，投靠了刘邦，但后来项羽势大，又复投项羽。最终在成皋之战中被打败，自刎而死。刘邦对其反复无常极为痛恨，攻占栎阳后，又将其斩首一次。

董翳：秦朝都尉，秦末辅佐章邯镇压反秦义军，巨鹿之战中劝说章邯投降项羽，后被项羽封为翟王，管理关中北部，为三秦之一。刘邦进攻关中时，投靠了刘邦，但后来项羽势大，又复投项羽。最终在成皋之战中自刎而死。（注：《史记·高祖本纪》和《史记·项羽本纪》中对其结局记载不同。）

曹咎：原为秦朝蕲县狱掾，项羽叔父项梁犯法时，曾写信给栎阳县狱掾司马欣解救项梁。秦末跟随项梁发动反秦起义，得项羽重用，封大司马、海春侯。成皋之战中，项羽去平息后方叛乱，将前线兵权交由曹咎，嘱咐其不可出战。但项羽走后，曹咎被汉军引诱出战，大败，自刎而亡。

曹无伤：刘邦手下汉军左司马，在刘邦先于项羽入咸阳引起随后而来的项羽愤怒时，试图投靠项羽，派人向项羽说刘邦坏话。后在鸿门宴上，项羽将此事告知刘邦。刘邦回营后将其斩杀。

项庄：西楚霸王项羽兄弟。曾在鸿门宴上受"亚父"范增所令，席前舞剑助兴，伺机刺杀刘邦，但为其叔叔项伯所阻，未能成功。只留下一句相关成语："项庄舞剑，意在沛公。"

项伯：西楚霸王项羽叔叔，跟随项羽进入关中。在鸿门宴前因为张良有恩于己，故向刘邦一方通风报信，说明项羽想要进攻刘邦的谋划。刘邦通过种种手段拉拢了项伯，使其不仅在鸿门宴前替刘邦在项羽前说好话，更在鸿门宴上当项庄想要刺杀刘邦时，挺身而出，替刘邦挡住了所有攻击。楚汉相争后，项羽败亡，项伯被刘邦封为射阳侯。

张良：西汉开国功臣，"汉初三杰"之一。刘邦手下最为重要的谋士，刘邦称他"运筹帷幄之中，决胜千里之外"。原是战国时期韩国贵族，秦灭六国后，曾趁秦始皇巡游天下时，在博浪沙予以刺杀，但失败。逃亡后得遇黄石公，被授《太公兵法》，深明韬略，足智多谋，追随刘邦兴汉灭楚。汉朝建立后，被封为留侯，但很快辞官退隐，不知所踪。张良是中国历史上以智慧闻名后世的代表人物之一。

陈平：西汉开国功臣。少有大志，曾在项羽帐下任职，后投奔刘邦。在楚汉相争中，曾设计离间项羽和其谋士范增之间的关系，导致范增负气出走，从而削弱了项羽的实力。汉朝建立后，为剪除异姓王威胁，曾建议刘邦伪游云梦，逮捕韩信。刘邦被匈奴围困白登山，曾献计重金贿赂单于阏氏，刘邦才得以逃脱。吕后专权时，陈平被削夺实权，吕后死后，联合周勃平定诸吕叛乱，汉朝得以安定。

韩信：西汉开国功臣，"汉初三杰"之一。少时贫穷，常受人接济，也曾受胯下之辱。秦末乱世时，曾投靠项羽，但不得重用，后投奔刘邦，也不得重用。幸亏刘邦手下萧何慧眼识人，竭力向刘邦举荐，遂被刘邦拜为大将军。在楚汉相争中，夺三秦、破魏赵、灭燕齐，直到垓下之战全歼项羽，从无败绩，被刘邦称为"战必胜，攻必取"。后世称其为"兵仙"。但其居功自傲，引起刘邦不满。刘邦先借伪游云梦，擒拿韩信，并将其爵位由楚王降为淮阴侯。后吕后与萧何合谋将韩信杀死。

樊哙：秦末汉初刘邦手下重要将领、开国元勋。早年贫寒，曾以屠狗为业。后拥戴刘邦在秦末起兵反秦。作战勇猛，功劳卓著，深得刘邦信任。曾在鸿门宴上怒斥项羽，项羽对其甚为欣赏。又以"大行不拘细谨，大礼不辞小让""人为刀俎，我为鱼肉"的理由说服刘邦在鸿门宴中不辞而别，逃离险境。后又随刘邦征伐各路诸侯，建立汉朝。入汉后，又协助刘邦剪除异姓王，平定其他叛乱，因功封为舞阳侯，曾任大将军、左丞相等职。

吕雉：汉高祖刘邦之妻，一般称吕后。刘邦早年未发迹时下嫁刘邦。刘邦起义后，一直颠沛流离，甚至在楚汉相争中，被项羽俘获，在楚国待了很长时间。楚汉鸿沟议和，才得以回归刘邦身边。生性刚毅，诛杀汉朝有功之臣，如韩信。刘邦死后，以残忍手段害死

刘邦宠妃戚夫人并杀死其子，自己的亲生子刘盈受惊吓而亡。吕后遂临朝听政，任用吕姓族人掌握朝廷大权，史称吕后专权。去世后，汉朝大臣陈平、周勃等反扑，平定了诸吕叛乱。

彭越： 秦末汉初名将，西汉开国功臣，与韩信、英布并称汉初三大名将。秦末举行反秦起义，后与刘邦合作，经常在项羽背后发动叛乱，开展游击战争，并参与垓下围困项羽的战斗，协助刘邦赢得楚汉相争的胜利。西汉建立后，封为梁王，后在刘邦剪除异姓王行动中被诛杀。

虞姬： 西楚霸王项羽帐下美人，在垓下之围中出现。项羽面临四面围困、即将覆亡的窘境，作《垓下歌》有句："虞兮虞兮奈若何。"结局不详，后人臆想为在垓下自杀身亡，故有"霸王别姬"桥段。著名词牌名"虞美人"，也来源于此。

宋襄： 秦末时期人。宋义之子，宋义任楚国上将军、卿子冠军时，曾联络当时复辟的齐国，说动齐王让宋襄为齐国的相，结果引起项羽不满。项羽斩杀宋义后为斩草除根，派人去齐地追上即将赴任的宋襄，将其斩杀。

田荣： 战国时期齐国宗室，秦末举行反秦起义，与其兄田儋复辟齐国。田儋为齐王，后田儋被秦将章邯击败身死。齐人另立田假为齐王，田荣不满，赶走田假，另立田儋之子田市为齐王。后因不愿出兵帮助项羽，引起项羽不满，在分封诸王时，不肯封田荣为王。田荣愤怒，不仅杀死了被项羽改封为胶东王的田市，而且自立为齐王。项羽带兵讨伐，田荣被杀死。但其弟田横矢志报仇，继续反抗项羽，从而使项羽深陷齐地战争，间接给了刘邦占领关中、争霸天下的机会。

田横：战国时期齐国宗室，秦末追随其兄田儋、田荣起义，恢复齐国。后田儋、田荣相继败亡。田横立田荣之子田广为齐王，反抗仇人西楚霸王项羽。楚汉相持期间，汉王刘邦派郦食其说服齐王田广、丞相田横投降，二人本已决定投降。但汉军大将韩信派兵进攻齐国，二人以为受骗，就烹杀了郦食其。后汉朝建立，田横率五百壮士逃到海岛之上，刘邦遣人相召，表示不追究之前的过错。田横同意面见刘邦，但在路上仍旧以不能居于人下、自甘耻辱为由自杀，随行者及海岛五百壮士先后自杀相随。"田横守义不辱"的故事为 1930 年徐悲鸿创作《田横五百壮士》提供了灵感，该画曾激励中国军民奋勇抗日、宁死不屈。

杨喜：秦末汉初汉军将领，任郎中骑，曾在追击项羽过程中，被项羽瞋目吓退，后在乌江项羽自刎后，参与斩杀项羽，得一部分，因此获封赤泉侯。

吕马童：秦末汉初汉军将领，任骑司马，曾是项羽故人。项羽在乌江最后一战中认出了吕马童，表示要为故人获封受赏尽一份心意，遂自杀。项羽死后，吕马童参与斩杀项羽，得一部分，因此获封中水侯。

王翳：秦末汉初汉军将领，在乌江项羽自刎后，参与斩杀项羽，得其头，因此获封杜衍侯。

杨武：秦末汉初汉军将领，任郎中，在乌江项羽自刎后，参与斩杀项羽，得一部分，因此获封吴防侯。

吕胜：秦末汉初汉军将领，任郎中，在乌江项羽自刎后，参与斩杀项羽，得一部分，因此获封涅阳侯。